世界のびっくり空港

Gakken 編

CONTENTS

世界のびっくり空港マップ ……………………… 4

01 アガッティ空港 …………………………………… 6
02 クショク・バクラ・リンポチェ空港 …………… 8
03 ドンムアン国際空港 …………………………… 12
04 テンジン・ヒラリー空港 ……………………… 14
05 ハズラット・シャージャラール国際空港 ……… 18
06 ニノイ・アキノ国際空港 ……………………… 20
07 パロ国際空港 …………………………………… 22
08 ティオマン空港 ………………………………… 26
09 ヴェラナ国際空港 ……………………………… 28
10 ダオチェン・ヤーディン空港 ………………… 32
11 バル・イェフダ飛行場 ………………………… 34
12 ドバイ国際空港 ………………………………… 36
13 関西国際空港 …………………………………… 38
14 長崎空港 ………………………………………… 40
15 松本空港 ………………………………………… 42
16 調布飛行場 ……………………………………… 44
17 青ヶ島ヘリポート ……………………………… 46
18 新島空港 ………………………………………… 50
19 下地島空港 ……………………………………… 52
20 ウェリントン国際空港 ………………………… 54
21 ドッグアイランドの滑走路 …………………… 56
22 クイーンズタウン空港 ………………………… 58
23 ボラボラ空港 …………………………………… 62
24 ケチカン国際空港 ……………………………… 66
25 クリーブランド・ホプキンス国際空港 ……… 68
26 カタリナ空港 …………………………………… 70
27 サンディエゴ国際空港 ………………………… 72

※本書における空港には、飛行場、ヘリポートなどと呼称される施設も含みます。
　また、掲載した情報は、2024年10月現在のものです。

28	ジョン・ウェイン空港	76
29	モハーヴェ空港&宇宙港	78
30	アスペン／ピトキン郡空港	82
31	イーグル・カウンティ・リージョナル空港	84
32	アルトンベイ水上機基地	86
33	ラガーディア空港	88
34	マクマード基地	90
35	マリスカル・スクレ国際空港	94
36	ラ・アウロラ国際空港	96
37	コンゴーニャス空港	98
38	サントス・ドゥモン空港	102
39	アレハンドロ・ベラスコ・アステテ国際空港	106
40	エル・アルト国際空港	108
41	プリンセス・ジュリアナ国際空港	110
42	ファンチョ・E・ヨラウスクィン飛行場(サバ空港)	114
43	グスタフ3世飛行場	116
44	ジブラルタル国際空港	120
45	バラ空港	124
46	インスブルック空港	128
47	スキアトス空港	132
48	ナルサルスアーク空港	136
49	カンゲルルススアーク空港	138
50	ライブツィヒ・ハレ空港	140
51	スヴァールバル空港	142
52	テネリフェ・ノルテ空港	144
53	クールシュヴェル飛行場	146
54	クリスティアーノ・ロナウド・マデイラ国際空港	150
55	ウォルヴィスベイ空港	154
56	マサイマラ国立保護区の飛行場	156

- スヴァールバル空港
- バラ空港
- ライプツィヒ・ハレ空港
- インスブルック空港
- クールシュヴェル飛行場
- スキアトス空港
- クショク・バクラ・リンポチェ空港
- テンジン・ヒラリー空港
- 松本空港
- 長崎空港
- ジブラルタル国際空港
- バル・イェフダ飛行場
- ダオチェン・ヤーディン空港
- 関西国際空港
- クリスティアーノ・ロナウド・マデイラ国際空港
- パロ国際空港
- テネリフェ・ノルテ空港
- 下地島空港
- ドバイ国際空港
- ハズラット・シャージャラール国際空港
- ニノイ・アキノ国際空港
- アガッティ空港
- ドンムアン国際空港
- ヴェラナ国際空港
- ティオマン空港
- マサイマラ国立保護区の飛行場
- ウォルヴィスベイ空港

世界のびっくり空港マップ

4

空港は今後、滑走路の延長や新たなターミナルビルの建設の計画がある。
(https://en.wikipedia.org/wiki/Agatti_Airport#/media/File:Agatti_Airstrip.jpg)

 01 インド洋の美しい島にある空港

アガッティ空港
Agatti Airport

インド・アガッティ島

インディラ・ガンディー国際空港（デリー）から飛行機で約6時間。

双発のターボプロップ旅客機が運航されている。

アガッティ島は、ラッカディヴ諸島にある長さ7.6kmの、天国のような美しさで知られる細長い島。スキューバダイビングやシュノーケリング、ウィンドサーフィンなどのマリンスポーツを楽しめる。この島に行くには海路と空路があり、空路の玄関口であるアガッティ空港は滑走路の左右を海に挟まれている。開港は1988年で、以後、ターミナルビルなどの建て替えや滑走路の再舗装などの整備がされていく。現在の滑走路は、長さ1204m、幅30m。

高峰に囲まれ、滑走路には傾斜がある。

02 インドで標高が最も高い商業空港

クショク・バクラ・リンポチェ空港
Kushok Bakula Rimpochee Airport

インド・ラダック

インディラ・ガンディー国際空港(デリー)から飛行機で約1時間30分。

インド・ラダック地方の中心都市レーにある国内空港。このため「レー空港」と呼ばれることもある。ラダックは、ヒマラヤとカラコルムの両山脈に挟まれた風光明媚な一帯。クショク・バクラ・リンポチェ空港は、標高3256mの高地にある。この空港は1985年に開港されたインド空軍基地に由来し、現在は軍民共用として利用されている。滑走路は2754mで、傾斜があり東側が高くなっている。高い山脈に囲まれていることから気流に難があり、フライトは午前中だけに制限されている。

デリーやムンバイと定期便で結ばれている。

ヒマラヤとカラコルムに囲まれた絶景の地。

【上】滑走路は東側が高く、このためアプローチは一方通行になる。【下】簡素なターミナルビル。

11

空港に隣接してゴルフ場があるのではなく、2本の滑走路に挟まれてゴルフ場がある。

 03 滑走路に挟まれたゴルフ場がある空港

ドンムアン国際空港
Don Mueang International Airport

タイ・バンコク

スワンナプーム国際空港（バンコク）からバスで約1時間。

12

世界最古級の商業空港とされている。2006年にいったん閉鎖され、改修後の2007年にドンムアン国際空港として再開された。

タイの首都バンコクから北に20kmほどに位置する国際空港。東南アジアにおけるハブ空港の1つで、2006年までは「バンコク国際空港」と呼ばれていた。開港は1914年までさかのぼり、当時はタイ空軍の飛行場だった。民間機の離着陸は、1924年から始まる。東京国際空港（羽田空港）の開港が1931年（当時の名称は東京飛行場）であることを考えると、歴史のある空港といえる。奇妙なのは、2本の滑走路の間に18ホールのゴルフ場があること。このゴルフ場の運営は、タイ空軍が行っているという。

短くて狭く、傾斜のある滑走路。

04 エベレスト登山の玄関口

テンジン・ヒラリー空港
Tenzing-Hillary Airport

ネパール・ルクラ

トリブバン国際空港（カトマンズ）から飛行機で約35分。

ネパールのコシ州ルクラにある空港で、エベレスト（チベット語：チョモランマ、ネパール語：サガルマータ）へのネパール側登山口として有名。以前は「ルクラ空港」と呼ばれていたが、1953年にエベレスト初登頂に成功したテンジン・ノルゲイとエドモンド・ヒラリーにちなんで、2008年に改名された。滑走路は527mと短く、幅は30m。さらに北に向かって11.7％もの傾斜があり、南端は落差610m下に渓谷が流れている。加えて、ヒマラヤの谷間にあるので天候が変わりやすいという悪条件が重なる。

短距離離着陸(STOL)が可能な旅客機だけが運航できる。

坂道を下るように離陸する。滑走路の端は断崖。

【上】空港はルクラ市街にあり、2008年までは「ルクラ空港」と呼ばれていた。【下】エベレストがあるサガルマータ国立公園はユネスコの世界遺産に登録されている。

バングラデシュの航空会社は、この空港を主要な拠点にしている。

 05 バングラデシュの首都ダッカの空の玄関口

ハズラット・シャージャラール国際空港
Hazrat Shahjalal International Airport

バングラデシュ・ダッカ

スワンナプーム国際空港(バンコク)から飛行機で約2時間30分。

イスラム教国らしいモザイクを基調とした第3ターミナルビル。

バングラデシュの首都ダッカにある国際空港。ダッカの北、首都の中心地から17kmほどの距離にある。1980年に開港。それまでの首都空港であった「テズガオン空港」から民間機の運航が移行した。2010年までは「ジア国際空港」と呼ばれていた。ターミナルは第1から第3まであり、第1ターミナルの南東側に国内線ターミナルがある。第3ターミナルや空港の拡張は、日本のJICA（国際協力機構）が協力している。標高は8mで、滑走路は長さ3200m、幅46mの1本のみとなっている。

滑走路は、長さ3737m、幅60mと長さ2258m、幅45mのコンクリート舗装が2本。

06 空港内で暗殺された上院議員の名を冠する空港

ニノイ・アキノ国際空港
Ninoy Aquino International Airport

フィリピン・マニラ

羽田空港から飛行機で約4時間30分。

ターミナルビルは、第1から第4まである。

フィリピンのマニラ首都圏にある国際空港。長らく「マニラ国際空港」と呼ばれていたが、1987年に現在の名称に変更された。1983年、亡命先のアメリカから帰国したベニグノ・アキノ・ジュニア上院議員が空港内で暗殺された（ニノイは愛称、コラソン・アキノ元大統領の夫、ベニグノ・アキノ3世元大統領の父親）。このことから、彼の名を冠するようになった。2011年ごろには雨漏りや異臭、空港職員の不正などから厳しい評価を下されることもあったが、2015年以降、徐々に改善しつつあるという。

パロ国際空港から「リンプン・ゾン」と呼ばれる城塞が見える。

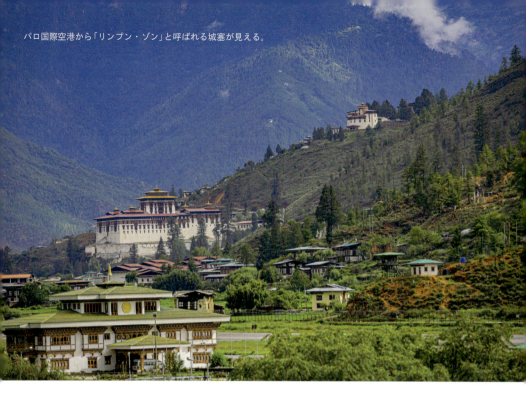

07 標高2200mの高地にある国際空港

パロ国際空港
Paro International Airport

ブータン・パロ

スワンナブーム国際空港（バンコク）から直行便で約4時間30分。

　ブータン王国唯一の国際空港で、首都ティンプーの西にある。空港に最も近い都市はパロで、市街から6kmほど離れている。パロチュ川が穿った深い谷にあり、周囲を高い山々に囲まれている。離着陸は有視界飛行のみが認められていて、運航は日の出から日没までという制限がある。この空港はおよそ標高2200mの高地にあり、周囲の山々は5500mほどもある。1968年の建設当初は1200mの滑走路だったが、複数回の延長が行われ、現在は2265m。小型のジェット旅客機の運航も可能になっている。

趣のあるターミナルビル。

高峰に囲まれた空港の遠景。

【上】2265mの滑走路と誘導路（右側の舗装路）。【下】運航は有視界飛行のみで、日の出から日没まで。

滑走路の長さが1000mに満たないので、短距離離着陸(STOL)ができる旅客機が運航される。

▶▶▶ 08 マリンスポーツの島にある空港

ティオマン空港
Tioman Airport

マレーシア・ティオマン島

スバン空港(クアラルンプール)から飛行機で約1時間30分。

ティオマン島の美しい海。この島はマリンスポーツが有名。

マレーシアのパハン州ティオマン島にある空港。地形による制限から、北からの離着陸しかできない。ティオマン島は、長さ39km、幅12kmのサンゴ礁に囲まれた島で、スキューバダイビング、シュノーケリング、サーフィンなどが盛んだ。空港の標高はわずか4mで、滑走路の長さは992m。セランゴール州「スルタン・アブドゥル・アジズ・シャー空港」から定期便が運航されている。また、マレーシアやシンガポールから自家用機が飛来する。

大型ジェット旅客機の運航に対応する滑走路。海抜はわずか1.8m。

09 水上機ターミナルがあるモルディブの空港

ヴェラナ国際空港
Velana International Airport

モルディブ・フルレ島

クアラルンプール国際空港から直行便で約4時間30分。

離陸するスリランカ航空の旅客機。

モルディブの首都マレ市フルレ島にあり、1960年に「フルレ空港」として開港。その後、「マレ国際空港」、「イブラヒム・ナシル国際空港」と改名が続き、2017年に現在の空港名になった。島全体が空港になっている。2018年に長さ3400m、幅60mの新しい滑走路が完成し(完全運用はその4年後)、旧滑走路は誘導路として活用されている。現在はマレ島との間に橋梁があり、自動車での往来が可能。特徴は、世界でも有数の水上機ターミナルがあること。この水上機ターミナルは100機を格納できるとされる。

【上】とフルレ島マレ島を結ぶ長大な橋梁。【下】新しい水上機ターミナルは2022年開設。水上機の運航ができる国際空港は珍しい。

水上機が連なるターミナル。

商業空港としては、世界で最も高い場所にあるとする碑が目を引く。

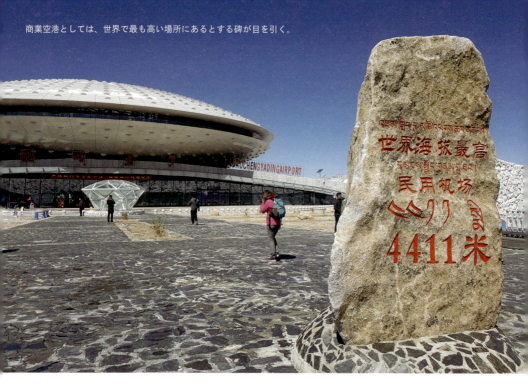

10 　標高4411mの高地にある空港

ダオチェン・ヤーディン空港
Daocheng Yading Airport

中国・四川省

成都天府国際空港（四川省）から飛行機で約1時間18分。

「ダオチェン・ヤーディン空港（稲城亜丁空港）」は、中華人民共和国の四川省カンゼ・チベット族自治州稲城県にあり、開港は2013年。県の中心部から50kmしか離れていないが、標高は4411mもあり、民間空港としては、トップクラスの高所にある。滑走路は1本で、長さ4200m、幅45m。「チャムド・バンダ空港」（標高4334m）、「ナクチュ・ダグリン空港」（計画中、標高4436m）も高地にあるが、どちらもチベット自治区にある。この空港ができるまでは、成都から稲城県バスで2日間かかっていたが、空路で1時間に短縮された。

長さ4200mのコンクリート舗装の滑走路が1本。

バル・イェフダ飛行場付近の砂漠上空を飛ぶ小型機。

11　海面よりも低い場所にある飛行場

バル・イェフダ飛行場
Bar Yehuda Airfield

イスラエル・マサダ

エルサレムから直線で約65km。

イスラエルにある砂漠の飛行場で、死海の西に位置する。名称は、イスラエルの政治家に由来する。1963年に開設され、「マサダ飛行場」とも呼ばれる。補助空港やチャーター機の離着陸に使われている。海抜マイナス378mにあり、世界で最も低い場所にある飛行場。アメリカ合衆国カリフォルニア州の「ファーニス・クリーク空港」（海抜マイナス64m）と「クリフ・ハットフィールド記念空港」（海抜マイナス55m）も海面より低いが、「バル・イェフダ飛行場」の低さは圧倒的だ。

滑走路の長さは1200m。

桁違いな広さのターミナルと誘導路。

▶▶▶ 12 旅客数では世界トップクラスの巨大空港

ドバイ国際空港
Dubai International Airport

アラブ首長国連邦・ドバイ

羽田空港から飛行機で約11時間15分。

アラブ首長国連邦（UAE）のドバイにある国際空港。市の中心部から5kmほどと利便性がいい。3つの国際線ターミナルがある。滑走路は、長さ4351m、幅60mと長さ4447m、幅60mの2本。世界でも有数のトランジット（乗り継ぎ）空港。1960年に最初の長さ1800mの滑走路が完成しているが、この滑走路は砂を固めたものだった。1963年に長さ2800mの舗装された滑走路の建設が始まる。1998年に第2ターミナルが完成し、ますます拡張されていく。中東最大級の航空会社である「エミレーツ航空」のハブ空港でもある。

延々と続く駐機場(エプロン)。

3500mと4000mの2本の滑走路がある。

 13　世界でもまれな完全な人工島に造られた空港

関西国際空港
Kansai International Airport

日本・大阪府

羽田空港から飛行機で約1時間20分。

島や砂州などが全くない場所に建設された海上空港。

「大阪国際空港(伊丹空港)」の混雑・騒音緩和を目的として、1994年に開港。略して「関空」とも呼ばれる。大阪湾の泉州沖5kmにあり、完全な人工島に造られた海上空港。関西エアポート株式会社によって、兵庫県、大阪府にまたがる「大阪国際空港(伊丹空港)」および「神戸空港」とともに運営されている。大阪湾の地盤は軟弱で、開港当初は年間50cmほど沈下したが、年に7cmほどまで減じている。2018年の台風21号による高潮で、一部が40〜50cmほど浸水した。温暖化による海水準の上昇によって、将来、水没する可能性が指摘されている。

長崎空港のターミナル。

14 世界でも最初期に建設された海上空港

長崎空港
Nagasaki Airport

日本・長崎県

羽田空港から飛行機で約1時間40分。

大村湾の中央、2km沖にある箕島に建設された、世界初の海上空港。1975年に開港し、前身は「大村空港」で、1955年に旧海軍の施設を利用して開港した。「大村空港」は本土側にあり、当初は「大村空港」を拡張してジェット機の離着陸に対応する予定だったが、地形上の問題から海上空港に移行。箕島に建設され、「長崎空港」に改名した。箕島は「B滑走路」、本土側は「A滑走路」と呼ばれ、「A滑走路」は2011年に防衛省に移管し、「大村飛行場」となる。箕島内ではタヌキが繁殖し、運用の妨げになっているという。

滑走路は1980年に長さ2500mから3000mに延長された。

高い山々に囲まれていて、標高が高いことから運航できる航空機には制限がある。

▶▶ 15 日本の海のない県では唯一の空港

松本空港
Matsumoto Airport

日本・長野県

JR松本駅からバスで約30分。

国内線が主だが、国際チャーター便も運航されている。

愛称は「信州まつもと空港」。長野県松本市と塩尻市にまたがる。海に面していない内陸県では、唯一の空港だ。日本の空港としては、最も標高が高い657.5mにあり、就航する機材や就航先に制限がある。過去、山々に囲まれていることから計器類や着陸装置の設置が難しく、離着陸の難しい空港ともされていた。現在は、GPSの精度向上もあり解決されている。滑走路は、長さ2000m、幅45m。1965年に開港し、1994年に滑走路が延長されてジェット機の離着陸にも対応している。

東京都調布飛行場の周囲は市街地。奥には味の素スタジアムが見える。

16 首都東京圏第3の空の玄関口

調布飛行場
Chofu Airport

日本・東京都

京王線調布駅からバスで約15分。

東京近郊には3つの商業空港がある。東京都大田区の「東京国際空港(羽田空港)」と千葉県成田市の「成田国際空港(成田空港)」は、誰でもすぐに思い浮かぶだろう。3番目の空港は、「東京都調布飛行場(調布飛行場)」だ。「調布飛行場」は、本土と伊豆諸島(伊豆大島、新島、神津島、三宅島)を結ぶ旅客と貨物の定期便発着空港だ。1941年に公共の飛行場として開設したが、当時は主に日本陸軍が使用した。正式にコミューター空港になったのは、意外と新しく2001年のこと。現在の滑走路の長さは800m、幅30m。

伊豆諸島に向かう旅客機は、双発のターボプロップ機。

青ヶ島の遠景。山の斜面の青緑色に見えるものは、雨水を集める施設。

17 孤島にある小さな空の玄関

青ヶ島ヘリポート
Aogashima Heliport

日本・東京都

八丈島空港からヘリコプターで約20分。

青ヶ島のヘリポートに着陸しようとするヘリコプター。

青ヶ島は伊豆諸島にある火山島。高さが50〜200mほどの切り立った断崖に囲まれた島で、海岸線の長さは9km、人口は160人ほど。十分な真水の水源がなく、多くを雨水に頼っている。2010年代以降、この島は世界的に有名になり、いわゆるオーバーツーリズムの状態になった。青ヶ島には、法的には場外離着陸場と呼ばれるヘリポートがある。青ヶ島への空の便は、このヘリポートを利用するヘリコミューターの「東京愛らんどシャトル」があり、八丈島〜青ヶ島間を結んでいる。空路以外には、欠航しやすい貨客船がある。

「東京愛らんどシャトル」が発着するヘリポート。

【上】青ヶ島は火山島で、火口部はカルデラになっている。海岸には砂浜がない。【下】外輪山と中央火口丘の丸山火砕丘。

新島空港は島の中央東側に位置する。

>>> 18 伊豆諸島の小さな空港

新島空港
Niijima Airport

日本・東京都

調布飛行場から飛行機で約40分。

伊豆諸島の新島（東京都新島村）にある東京都営空港。長さ800m、幅25mの滑走路が1本。「調布飛行場」から40分ほどで、乗客20人以下のプロペラ旅客機による定期便がある。直線で東京駅から新島空港まで155kmほどの距離だ。前身は1944年に竣工した「陸軍新島飛行場」。商業空港としては1970年の開港で、当時は村営場外離着陸場だった。1979年から定期便が運航されるようになる。伊豆諸島には、「大島空港」、「新島空港」、「神津島空港」、「三宅島空港」、「八丈島空港」の5つがある。

「調布飛行場」から飛来する双発のターボプロップ旅客機。

2020年4月10日〜6月18日まで、新型コロナウイルスの影響による全便運休のため空港ターミナルが閉鎖された。

 19 パイロット訓練用として建設

下地島空港
Shimojishima Airport

日本・沖縄県

宮古空港からバスで約45分。

長さ3000m、幅60mの滑走路があることから、大型のジェット離隔期の運航ができる。

沖縄県宮古島市の下地島にある空港で、日本では珍しい訓練専用として開港している。現在は、国内線と近距離国際線が運航されている。宮古島の宮古空港とは別の施設。長さ3000m、幅60mの滑走路があり、パイロット養成や訓練のための空港として1979年に開設された。民営化後は定期路線となったこともあったが、一時期は日本航空（JAL）グループや全日本空輸（ANA）グループなどの民間航空会社、官公庁のパイロットの訓練空港となり、その後、2019年3月30日に成田空港への定期便が就航した。

ウェリントン国際空港の北はエバンス湾、南はクック海峡。

20 しばしば強い風が吹く空港

ウェリントン国際空港
Wellington International Airport

ニュージーランド・ウェリントン

オークランド国際空港から飛行機で約1時間10分。

ニュージーランドの首都ウェリントンにある国際空港。北島の最南端付近に位置する。長さ2081m、幅45mの滑走路1本があり、国際空港としては比較的小規模。1959年に開港されたが、滑走路自体は1929年にはあり、1928年に結成された「ウェリントン飛行クラブ」の要請で建設された。第二次世界大戦後の1947年にいったん閉鎖されている。当時は、「ロンゴタイ飛行場」と呼ばれていた。北島と南島の間のクック海峡は風が強く、また北西の突風が吹くことがあるため、離着陸が難しい空港として知られている。

ウェリントン国際空港の標高は13m。

島は岩でできており、最も高い場所でも標高15mしかない。

21 灯台と灯台守のための滑走路

ドッグアイランドの滑走路
Dog Island Airstrip

ニュージーランド・ドッグアイランド

ニュージーランド南島

ドッグアイランドの滑走路

ニュージーランド南島の南端から約5km。

ドッグアイランド灯台をフォーボー海峡を挟んでスターリングポイント灯台から望む。

ドッグアイランドはニュージーランド南島の南端にある島で、一般の立ち入りは禁止されている。ニュージーランドで最も高い灯台（高さ36m）があり、フォーボー海峡によって南島と隔てられている。この灯台は1865年に完成し、1989年からは遠隔操作で運営され無人島となったが、それ以前は、灯台守とその家族が住んでいた。1939年には、蒸気船が濃霧のため座礁している。この島に2週間ごとに物資を運ぶため、未舗装の滑走路が建設された。それ以前は、3カ月に1回、物資を船で運んでいた。

離陸後は高い山々を飛び越えなくてはならない。

22 南半球のリゾートにある空港

クイーンズタウン空港
Queenstown Airport

ニュージーランド・クイーンズタウン

オークランド国際空港から飛行機で約1時間50分。

南島のリゾート、クイーンズタウンにある国際空港。周囲を山々に囲まれたクイーンズタウンは、ワカティプ湖の東岸にある。この地域の産業は観光が主で、スキーや急流下りなどのアクティビティが多い。そのため、人口は増加傾向にあり、地価も高い。空港は1935年に開港され、1950年頃から有名な景勝地であるミルフォードサウンドへの商業飛行が盛んになった。クイーンズタウンの発展とともに空港も拡張されていて、国内線のほか、オーストラリアへの国際線も運航されている。

ターミナルは国内線と国際線兼用の1つ。空港はワカティプ湖のそばにある。

【上】上空から見たクイーンズタウン近郊。【下】クイーンズタウンは、ミルフォードサウンド観光の拠点。

国内線はオークランド、ウェリントン、クライストチャーチ便などで、国際線はシドニー、メルボルン便など。

モツ・ムテ(島北西部のリーフ)にあることから、「モツ・ムテ空港」と呼ぶ人もいるという。

▶▶▶ 23 空港からはボートで移動

ボラボラ空港
Bora Bora Airport

フランス領ポリネシア・ボラボラ島

パペーテ・タヒチ国際空港から飛行機で約50分。

ハート形で有名なツパイ島。

フランス領ポリネシアのソシエテ諸島ボラボラ島にある。サンゴ礁の絶景が望める。この島の北にはハート形のツパイ島があり、運がいいと着陸時に機内左側からボラボラ島全景とツパイ島が見える。空港はリーフ（外礁）にあることから、本島へも、宿泊先のホテルへも、ボートで移動することになる。ゆっくりとしたポリネシアンライフを楽しめる島として名高い。この空港は、第二次世界大戦期の1943年に建設され、1958年に再整備が完成したことで民間機の運航が開始された。滑走路は1500m。

フランス領ポリネシア内の航空路線をほぼ独占するエア・タヒチの双発ターボプロップ旅客機。

【上】空港からの移動はボートによるシャトルサービス。【下】トロピカルだが、なんとなくフードコートを連想させるターミナルの内部。

ケチカンの町から対岸の空港を望む

24 アラスカのグラビーナ島にある陸路で結ばれていない空港

ケチカン国際空港
Ketchikan International Airport

アメリカ・アラスカ州

シアトル・タコマ国際空港から飛行機で約2時間。

ケチカンの町のメインストリート。

アメリカ合衆国アラスカ州の最南端にある国際空港。ケチカンのダウンタウンは、National Historic Landmark District（NHLD＝国定歴史建造物地区）になっている。サケの町としても有名。「ケチカン国際空港」はグラビーナ島にある。空港の対岸にあるケチカンの町はレビジャヒヘド島にあり、海岸線が険しく、町へも空港へも陸路からのルートはない。外部とは、海路か空路のみ。2286mの舗装された滑走路と、飛行艇が運航されていたことから2896mの離着水場が設定されている。現在の空港は1973年に開港した。

商業空港に必要な機能を先駆的に取り入れてきた空港。

▶▶▶ 25　空港に関する先進技術の実験場

クリーブランド・ホプキンス国際空港
Cleveland Hopkins International Airport

アメリカ・オハイオ州

デトロイト・メトロ空港から飛行機で約1時間。

アメリカ合衆国オハイオ州クリーブランドにある市営の国際空港。クリーブランドのダウンタウンから南西14kmほどに位置する。NASA（アメリカ航空宇宙局）の主要フィールドセンターの1つであるグレン研究センターが隣接している。現在では、当然となっている数々の試みを重ねてきた空港だった。例えば、「搭乗と到着を分離するターミナルビル」、「アメリカで初めて鉄道路線と直接接続する」など。そのほか、滑走路の照明、管制塔、航空機と通信するための無線などもアメリカ初だった。

2743m、3034m、1834mの舗装された滑走路がある。

2つの丘陵を爆破し、谷を埋め立てて造られた滑走路。

 26 マリンリゾートに造られた空港

カタリナ空港
Catalina Airport

アメリカ・カリフォルニア州

ロスアンゼルス国際空港の南、約60km。

空港の小さな格納庫。

アメリカ合衆国カリフォルニア州沖のチャンネル諸島サンタカタリナ島にある空港。この島は1547年に発見され、海賊の拠点になっていたという。20世紀になると、島はリゾートとして開発され、島のほぼ中央、標高488mの高い場所に民間空港が開港した。この空港は1941年に建設され、当時の名は「バッファロースプリングス空港」だった。1946年、「カタリナ空港」に改名して、民間機が使う空港として運用を開始した。現在は、定期便の運航はないが、チャーター機の利用がある。コンクリート舗装の滑走路の長さは914m。

利用客の多い空港だが2865mの滑走路が1本しかない。

》》》 27 リンドバーグの大西洋横断飛行に触発されて建設

サンディエゴ国際空港
San Diego International Airport

アメリカ・カリフォルニア州

成田空港から直行便で約9時間35分。

アメリカ合衆国のカリフォルニア州サンディエゴにある国際空港で、1928年に開港。「リンドバーグ飛行場」と呼ばれていたこともある。初めて大西洋横断飛行を成功させたチャールズ・リンドバーグとゆかりがあるが、スピリット・オブ・セントルイス号の飛行試験を行った「ライアン飛行場（のちのダッチフラッツ空港）」とは別の空港だ。1930年から郵便機の定期運航が始まる。サンディエゴ市街中心部の北西約5kmにあり、市街地に近いことや、軍用と民間の航空機が混雑している空域にあることから危険な空港とされることがある。

着陸時の航空機は、市街地の上空を飛行する。

離着陸時には、サンディエゴの美しい街並みを望むことができる。

【上】サンディエゴ国際空港は「リンドバーグ・フィールド」とも呼ばれていた。【下】2つのターミナルがあり、ターミナル1は建て替えが進んでいる。

カリフォルニア州オレンジ郡の主要国際空港で、改名前は「オレンジ郡空港」と呼ばれていた。

 28 西部劇俳優の名に改名

ジョン・ウェイン空港
John Wayne Airport

アメリカ・カリフォルニア州

サンフランシスコ国際空港から飛行機で約1時間30分。

市街地に隣接していることから、騒音問題が付きまとう。

アメリカ合衆国カリフォルニア州オレンジ郡にあり、この地域では、「ロサンゼルス国際空港」に次ぐ規模の空港。歴史は古く、1923年に開港。1964年に現在に通じる並行する2本の滑走路になった。1979年に現在の空港名になるが、これはニューポートビーチのリード一島に住まいがあったアメリカの有名な西部劇俳優であるジョン・ウェインにちなんだもの。主滑走路は長さ1737m、幅46mで、そのほか小型機や軽飛行機用の長さ880m、幅23mのアスファルトで舗装された滑走路がある。

再使用可能な宇宙船の水平打ち上げのライセンスをアメリカ合衆国で取得した施設

29 有名な「飛行機の墓場」

モハーヴェ空港&宇宙港
Mojave Air and Space Port

アメリカ・カリフォルニア州

ロサンゼルス国際空港から車で約2時間。

アメリカ合衆国カリフォルニア州モハーヴェ砂漠にある。3811m、2149m、1446mの3本の滑走路がある。「飛行機の墓場」として有名だが、民間の宇宙旅行用宇宙船の開発拠点としても知られている。1935年に開港し、1942年に海兵隊の訓練基地となった。1972年に民間の運営に移される。1980年以降、定期便の運航がなく、ターミナルビルはないが、見学ツアーがある。軍用機、民間機双方の開発において、実験や研究の拠点になっている。2004年に「アメリカ連邦航空局（FAA）」から宇宙港として認定されている。

モスボール（不活性保存）されている航空機群。「飛行機の墓場」とされるが、必要があれば再就航することもある。

使われなくなり、保管状態にある民間機。

【上】モハーヴェ空港&宇宙港内の企業名を記した行先案内板。【下】広大な敷地で、各種の実験場ともなっている。

この空港は、「サーディフィールド」とも呼ばれる。

30 ロッキー山脈に囲まれた山岳リゾート

アスペン／ピトキン郡空港
Aspen/Pitkin County Airport

アメリカ・コロラド州

デンバー国際空港から飛行機で約1時間。

冬の「アスペン／ピトキン郡空港」。アスペンは冬季に限らず、夏季も人気のリゾート。

ピトキン郡が所有する公共空港で、アスペンの中心地から北西に6kmの位置にある。空港の標高は2384mと非常に高い。地形や環境から、独自の運用制限があり、2023年現在だと航空機は、翼幅95フィート（29m）、最大重量100,000ポンド（45,000kg）に制限されている。長さ2440m、幅30mの溝付きアスファルト舗装された滑走路が1本ある。アスペンはウインタースポーツが盛んなリゾートとして有名だが、人文科学研究所として1949年に設立されたアスペン研究所があることでも知られている。

スキーリゾートに隣接した空港で、「アスペン／ピトキン郡空港」よりも離着陸の条件が緩いこの空港が好まれることもあるという。

31 地形と自然環境から過酷な空港と評されることもある

イーグル・カウンティ・リージョナル空港
Eagle County Regional Airport

アメリカ・コロラド州

デンバー国際空港から飛行機で約1時間5分。

アメリカ合衆国コロラド州ジプサムにあり、イーグルからは6.4kmの距離にある。2743mのアスファルト舗装の滑走路が1本。標高(1996m)、天候、地形から離着陸の難しい空港として知られている。スキーリゾートの近くにあることから、冬季は定期便が多くなる。「アスペン／ピトキン郡空港」よりも運航規定が緩く、ボーイング767などの離着陸が可能。1911年に設営された滑走路が起源で、開港は1947年。1987年までに滑走路が延長され、大型のジェット機が運航できるようになった。

「アスペン／ピトキン郡空港」よりも大型の機材が離着陸できる。

氷結した湖上に着陸しようとする小型機。

 32 厳冬期になると氷結した湖面が滑走路になる

アルトンベイ水上機基地
Alton Bay Seaplane Base

アメリカ・ニューハンプシャー州

ポーツマス国際空港から直線で約55km。

湖畔の紅葉が美しいウィニペソーキー湖。

アメリカ合衆国ニューハンプシャー州最大の湖であるウィニペソーキー湖の入り江に設けられた州立の公共用水上機基地。アルトンの中心地から北に約4kmの位置にある。フロートが取り付けられた水上機や機体が船のような水密構造の飛行艇のために、長さ792m、幅30mの離着水場が設定されている。冬季に湖が氷結すると、氷上滑走路が開設される。この滑走路は、「アメリカ連邦航空局（FAA）」が認可するアメリカ本土における唯一の氷上滑走路で、氷の状況にもよるが、1月中旬から3月中旬頃まで氷上滑走路が運用される。

2134mの滑走路が2本ある。
(https://commons.wikimedia.org/wiki/File:LaGuardia_Airport.JPG)

33 ニューヨーク市にある国内と近距離国際線の空港

ラガーディア空港
LaGuardia Airport

アメリカ・ニューヨーク州

ジョン・F・ケネディ国際空港(ニューヨーク)から直線で約17km。

アメリカの巨大都市ニューヨークにある国際空港。ニューヨークの元市長であるフィオレロ・ラガーディアにちなんで名付けられた。「ジョン・F・ケネディ国際空港」が有名だが、「ラガーディア空港」と「ニューアーク・リバティー国際空港」もニューヨークの玄関口の役割を担っている。主に国内とカナダの各都市を結び、それ以外は、バハマの「リンデン・ピンドリング国際空港」、西インド諸島のアルバ(オランダ)の「ベアトリクス女王国際空港」への路線程度。騒音と環境保護から、2400kmを超える飛行距離の路線の離着陸はほぼない。

88

1939年の開港だが、空港としての歴史はそれ以前からあり、1929年に水上機の運航施設が設置された。

氷雪を固めた滑走路だが、ジェット輸送機／旅客機の離着陸も可能。

34 南極に設営された氷雪の滑走路

マクマード基地
McMurdo Station

南極・ロス島

クライストチャーチ国際空港から直線で約3830km。

南極のロス島南端にあるアメリカ合衆国の観測基地。この島の最高峰は、標高3794mのエレバス山。基地は、「アメリカ合衆国南極プログラム（USAP）」が保有している。100を超える建物があり、船舶の接岸ができる港がある。また、圧雪滑走路の「フェニックス飛行場」（滑走路長さ3353m）、スキッド装備機の離着陸ができる「ウィリアムズフィールド」（同3048m）、夏季限定の「アイスランウェイ」（同3048m）の3つの氷雪上の滑走路がある。なお、南極には他にも滑走路やヘリポートが多数ある。

車輪にスキッド(ソリ)を取り付けたアメリカ空軍の輸送機。

【上】「フェニックス飛行場」に着陸したニュージーランド空軍の輸送機。【下】ここが南極のマクマード基地であることを示す看板。

マクマード基地の全景。電力は1962〜1972年まで原子力発電所があり、それ以降はディーゼルと風力発電に頼る。

背後の高峰は、コトパクシ山（標高5897m）。エクアドルの中央、アンデス山脈にある火山。

35 旧空港の名を引き継ぎながら、問題点を克服

マリスカル・スクレ国際空港
Mariscal Sucre International Airport

エクアドル・キト

マイアミ国際空港から飛行機で約5時間。

標高が高いと空気の密度が低くなり、航空機のエンジンの性能を下げる。

エクアドルの首都キトの近郊にある国際空港で、キト中心部から市街地の東に18kmの位置にある。現在の空港は2013年に開港。1960年に同名の空港が開港したが、現在は廃止されている。標高2400mほどの高地にあり、4100mの舗装された滑走路がある。53年間運用された旧空港は風が強い山岳地帯にあり、自然条件のいい空港ではなかった。事故も多発していたほか、旅客数の増加に対応できず、大型機の離着陸に向いていなかった。それを解消したのが新空港で、評価の高い空港として知られている。

空港の周辺は市街地。中央ターミナルと北ターミナルの2つのターミナルがある。

▶▶▶ 36 中央アメリカの主要空港

ラ・アウロラ国際空港
La Aurora International Airport

グアテマラ・グアテマラシティ

ロサンゼルス空港から飛行機で約5時間。

グアテマラシティは、周辺を含めると300万人に達するといわれる、中央アメリカで最大級の人口を擁する大都市。

グアテマラの首都で、同国最大都市のグアテマラシティ(ラ・ヌエバ・グアテマラ・デ・ラ・アスンシオン)の国際空港。市の中心部からは南に約6.4kmと近くて便利。グアテマラの空の玄関であり、乗り入れる航空会社の増加に対応するため2008年末までに施設が拡張された。滑走路は、長さ2987m、幅60m。滑走路の延長計画があるが、北側は商業地区、南側に渓谷があるため実現していない。標高は1509mと高いが、周囲の地形では谷に位置している。将来的には、貨物を他の空港に移し、旅客専用の空港になる予定だ。

安全上の観点から発着回数の制限が導入されている。

37 サンパウロ市内にある利便性の高い空港

コンゴーニャス空港
Congonhas Airport

ブラジル・サンパウロ

南アメリカ

コンゴーニャス空港

大西洋

グアルーリョス国際空港（サンパウロ）からバスで約1時間10分。

南半球最大都市ともいわれるブラジルのサンパウロにある空港。2008年までは国際空港だった。この空港の計画は1919年からあったとされるが、開港は1936年。当時の滑走路は300mの長さしかなかった。サンパウロ市内にあり、利便性の高い国内空港だ。2005年には90秒に1機の割合で離着陸があるとされ、「南半球で最も混雑した空港」との評があった。1996年、離陸中の中型旅客機が市街地に墜落して建物に衝突。乗客乗員95人全員と地上で4人が亡くなった。

商業地域や住宅地域に隣接する空港は、事故の危険と騒音の問題から逃れられない。

サンパウロには4つの空港があり、「コンゴーニャス空港」には1時間あたり最大30便の発着枠制限がある。

【上】水溜まりができやすく、滑りやすい滑走路だとされている。【下】離着陸は、小型の旅客機が多い。

1時間あたり19回の発着に制限されている。背後にそびえる山はポン・チ・アスーカル。

 38 進入経路付近に海抜396mの山

サントス・ドゥモン空港
Santos Dumont Airport
ブラジル・リオデジャネイロ

アントニオ・カルロス・ジョビン国際空港から直線で約15キロ。

騒音対策として、運営時間が6時から23時までに制限されている。

ブラジルのリオデジャネイロ市内にある空港。市の中心地からわずか2kmの港湾部に位置している。長さ1323m、幅42mと長さ1260m、幅30mのアスファルト舗装の短い滑走路が2本。このため、中型機以下の旅客機と個人の小型機のみが離着陸する。1952年に「アントニオ・カルロス・ジョビン国際空港」が開港するまでは、近距離国際線が運航されていた。短い滑走路、拡張できない環境でありながら、利便性が高いので離着陸が多い。1936年に開港し、当時は「カラボウソ空港」と呼ばれていた。

【上】2024年から年間650万人までの旅客数に制限されている。【下】地形上の問題を抱えているが、市の中心地に非常に近く、利便性が高いとされている。

リオデジャネイロでは、より規模の大きい「アントニオ・カルロス・ジョビン国際空港」に次いで利用者が多い。

国内線と短距離国際線が運航されている。

39 標高3310mにある国際空港

アレハンドロ・ベラスコ・アステテ国際空港
Alejandro Velasco Astete International Airport

ペルー・クスコ

ホルヘ・チャベス国際空港（リマ）から飛行機で約1時間。

1964年に開港したペルーの都市クスコにある国際空港。標高は3310mで、3397mの滑走路が1本ある。高地にある空港らしく、滑走路が長い。空港の名称は、1925年に初めてアンデス山脈を横断飛行したペルーのパイロットの名前に由来する。市内中心地に近く、事故が起きた場合は市街に被害が及びかねない危険な空港だとされている。地形の影響から運航の制限があるが、ペルーでは重要な空港の1つとされる。市街地に隣接している空港の宿命だが、危険であることから新空港（チンチェロ国際空港）の建設が進められている。

クスコは南アメリカで有数の観光地。「チンチェロ国際空港」が開港すると閉鎖される予定。

高地にあるため最大離陸重量が制限されることから、無経由での長距離飛行はできない。

 40 標高4000mを超える高地にある空港

エル・アルト国際空港
El Alto International Airport

ボリビア・ラパス

ホルヘ・チャベス国際空港（リマ）から飛行機で約1時間55分。

上空から見たボリビアの首都ラパス。

ボリビアの中心都市であるラパス近郊のエル・アルトにある国際空港。空港の歴史は古く20世紀初頭までさかのぼる。標高4061.5mの高地にあり、世界最高標高の国際空港ともされる。滑走路はアスファルト舗装で長さ4000m、幅46mと、芝生の長さ2050m、幅91mの2本。この標高になると、エンジンの燃焼効率が悪くなり、空気が薄いことから揚力も弱いので、4000m級の滑走路がないと大型旅客機の運用ができない。開港は1925年で、当時は軍用空港だった。現在もボリビア空軍が運用する軍民共用空港となっている。

ビーチの直上を飛んで着陸する旅客機。

▶▶▶ 41 空港と飛行機とリゾートの奇妙な風景

プリンセス・ジュリアナ国際空港
Princess Juliana International Airport

オランダ領セント・マーチン島

ジョン・F・ケネディ国際空港(ニューヨーク)から飛行機で約4時間。

カリブ海にあるリーワード諸島セント・マーチン島の国際空港。島の南側に位置する。島の面積は88km²で、淡路島の7分の1ほどしかない。島の中央にオランダとフランスの国境があり、空港があるオランダ側(南側で自治領)は「シント・マールテン」、フランス側(北側)は「サン・マルタン」と呼ばれる。マホ・ビーチの低空を、大型旅客機が通過して滑走路に着陸する迫力あるシーンが見られる。同時に大型旅客機の後方のジェット気流によってとても危険な状態になることがある。

110

滑走路は長さ2300m、幅45m。1942年にアメリカ軍の施設として設営され、1943年に初めての商業便が着陸した。

【上】大型機の着陸を間近で見られる場所は、多くない。【下】ジェット気流が危険であることを告げる看板。2017年には死亡事故があった。

手を伸ばせば届きそうな低空を大型旅客機が通過する。この光景が観光の目玉でもある。

離着陸は小型のプロペラ機やヘリコプターのみに限られる。

 42 400mほどの滑走路がある

ファンチョ・E・ヨラウスクィン飛行場(サバ空港)
Juancho E. Yrausquin Airport (Saba Airport)

オランダ領サバ島

プリンセス・ジュリアナ国際空港から飛行機で約20分。

滑走路の両端は海に落ち込む崖となっている。

1959年に開港したカリブ海のサバ島(オランダ領)にある空港で、「サバ空港」とも呼ばれる。商業空港としては、驚異的に短い400mほどの舗装滑走路が1本。一説では「世界で一番短い滑走路の商業空港」ともいわれている。空港は海に突き出た岬にあり、陸側は急峻な斜面、海側は崖。滑走路両端は、高さ20mほどの崖。もし、オーバーランすれば海に落ちる、という極限の地形にある。短距離離着陸(STOL)可能なターボプロップ旅客機やヘリコプター、軽飛行機以外は、離着陸できない。

丘陵を超えて着陸態勢に入る20人乗りクラスの旅客機と、公道を走るトラックの奇妙な光景。

▶▶▶ 43 世界でもトップクラスの過酷な飛行場

グスタフ3世飛行場
Gustaf III Airport

フランス領サン・バルテルミー島

プリンセス・ジュリアナ国際空港から飛行機で約15分。

カリブ海のフランス領サン・バルテルミー島にある飛行場。646mのコンクリート舗装の滑走路が1本。20人乗り以下のコミューター機や小型のチャーター機が離着陸する。滑走路が極端に短いこと、ビーチや公道に近いことから迫力ある離着陸を見ることができる。過酷な条件の飛行場だが、専門家は安全だと評価している。着陸は、急な傾斜の丘を越えて行われ、滑走路の端はサン・ジャンのビーチにつながる。別名が多く、「サン・バルテルミー飛行場」、「セント・バーツ空港」などと呼ばれる。

着陸が確認されている一番大きな飛行機は、30人乗りクラスのダグラスDC-3だとされている。

海から見るグスタフ3世飛行場。滑走路が傾斜していることがわかる。

【上】進入降下角が大きい丘陵を越えての着陸。【下】立ち入り禁止の看板と簡単にまたげそうなガードレール。

高さ400mを超える巨大な石灰岩「ザ・ロック」。山頂近くは自然保護区となっている。

▶▶▶ **44** 滑走路が公道と平面交差する空港

ジブラルタル国際空港
Gibraltar International Airport

イギリス領ジブラルタル

ロンドン・ヒースロー空港から飛行機で約3時間。

「ザ・ロック」から望む空港。公道が滑走路を横断しているのがわかる。

イベリア半島南端のジブラルタル（イギリスの海外領土）にある空港。この空港の最大の特徴は、滑走路が公道「ウィンストン・チャーチル・アベニュー」と平面交差すること。つまり、一般の自動車が滑走路を横切ることだ。自動車だけでなく、徒歩での通行もできる。公道側に遮断機があり、飛行機が通過するまで通行が止められる。滑走路の長さは1776m。ジブラルタルを象徴する岩山「ザ・ロック」が近くにある。この岩山の存在が離着陸を難しくしている。

滑走路を交差する公道の「ウィンストン・チャーチル・アベニュー」。滑走路と平面交差していなければ、普通の公道。

【上】ジブラルタルと国境を接するスペインの町、ラ・リネア・デ・ラ・コンセプション。
【下】飛行機が横断し終わるまで、自動車と歩行者は通行できない。

123

バラ空港に着陸する20人乗りクラスのターボプロップ旅客機。

45 自然の砂浜が滑走路

バラ空港
Barra Airport

イギリス・バラ島

グラスゴー国際空港（スコットランド）から飛行機で約1時間15分。

イギリスのスコットランド西北部アウター・ヘブリディーズ諸島バラ島にある空港。舗装された滑走路がなく、干潮時に現れる広大な砂浜が滑走路になる。満潮時には、砂浜が海面下になるので離着陸できない。潮の干満に影響される空港は、世界でもここだけとされている。滑走路は3本設定されていて、端には木製のポールがある。空港が営業していると吹き流しが掲げられ、その間は砂浜に入ることはできない。営業中でなければ、砂浜に入ることができる。グラスゴーとの間に便がある。

空港への立ち入りを注意する看板。滑走路が3本設定されている。

【上】砂浜に駐機する小型のターボプロップ旅客機。【下】手荷物回収場。空港ではあるが、これといった設備があるわけではない。

離着陸は潮が引いている時間帯に行われる。滑走路は遠浅の固い砂地。

冬季になると、スキー目的の利用者が激増する。

46 アルプスの山々に囲まれた厳しい条件の空港

インスブルック空港
Innsbruck Airport

オーストリア・インスブルック

ウィーン国際空港から飛行機で約1時間。

山岳地の厳しい環境から、離着陸できる旅客機の種類・大きさには、制限がある。

オーストリア・チロル州の州都インスブルックにある国際空港。インスブルックは、オーストリアで5番目に人口が多い都市で旧市街の西5kmほどに位置する。オーストリア西部における最大の国際空港で、地元では「クラーネビッテン空港」とも呼ばれている。1925年に開港し、2000mのアスファルト舗装滑走路が1本ある。標高は581m。国内線のほか、ヨーロッパ各地からの国際線も運航している。冬季はスキーヤーでにぎわう。アルプスの山々に囲まれていることから、気流が強く複雑で、離着陸が難しい空港として知られている。

アルプスの山々は美しいが、飛行機にとっては厳しい環境。

【上】滑走路の東端からの離着陸する際、市内中心地を低高度で通過する。【下】ジェットブリッジ（空港ターミナルと飛行機をつなぐ積み込み橋）などの設備はない。

手を伸ばせば届きそうな低空を通過する旅客機。

>>> 47 頭の直上を通過する旅客機

スキアトス空港

Skiathos Airport

ギリシャ・スキアトス島

アテネ国際空港から飛行機で約45分。

ギリシャのスキアトス島にある空港。標高はわずか16mで、1628mのアスファルト滑走路が1本。公道に隣接していて、頭上をかすめるような迫力がある旅客機の離着陸を見ることができる。その点で、「プリンセス・ジュリアナ国際空港」とよく比較される。滑走路が短く幅が狭いので、運用できる旅客機には制限がある。スキアトス島とラザレタ島の間の海を埋め立てた海上空港で、1972年に運用開始。1988年に新しい管制塔と旅客ターミナルが建設され、現在は、国内線と国際線の2つの旅客ターミナルがある。

同じような光景は、カリブ海セント・マーチン島の「プリンセス・ジュリアナ国際空港」でも見られる。

スキアトス島は、多くのビーチと緑豊かな森林に恵まれた風光明媚な観光地。

【上】旅客機スポッターに人気の空港。【下】滑走路には傾斜があり、滑走路の両端は海になっている。

「ナルサルスアーク空港」を上空から見る。

48 世界最大の島グリーンランドにある空港

ナルサルスアーク空港
Narsarsuaq Airport

デンマーク領グリーンランド

コペンハーゲン空港から直行便で約4時間50分。

ナルサルスアークの2020年の人口は、約130人前後だとされる。

グリーンランド（デンマーク領）南部のクジャレク自治体ナルサルスアークにある空港。ほかにグリーンランドで大型機が着陸できるのは、「カンゲルルススアーク空港」しかない。第二次世界大戦中の1941年から翌年にかけてアメリカ陸軍航空隊の基地として建設。1958年にアメリカ空軍が撤収し、空港（空軍基地）は短い期間だが閉鎖されている。初めての民間航空機の運航は1949年。長さ1830mのコンクリート舗装滑走路が1本ある。カコトックやナノッタリックへの経由地として利用されている。

「ヌーク空港」には930mのアスファルト滑走路しかないので、「カンゲルルススアーク空港」がグリーンランド最大の空港になる。

49 グリーンランドの空の玄関

カンゲルルススアーク空港
Kangerlussuaq Airport

デンマーク領グリーンランド

コペンハーゲン空港から直行便で約4時間30分。

グリーンランド中西部ケッカタ自治体カンゲルルススアークにある国際空港。やや内陸に位置しているので、天候の影響を受けにくい。2810mのアスファルト舗装滑走路が1本。グリーンランドを代表する航空会社である「エア・グリーンランド」の国際線ハブ空港になっている。カンゲルルススアークの人口は500人ほどと少なく、旅客の多くはグリーンランドの首都であるヌークに移動してしまうといわれている。「ナルサルスアーク空港」からは、北に700kmほど離れている。

138

「カンゲルルススアーク空港」の全景。北緯67度の北極圏らしく、荒涼とした風景。

駐機場（エプロン）とターミナル。空港名とは異なり、ザクセン州北部のシュクロイディッツに所在する。

 50 鉄道と立体交差する誘導路

ライプツィヒ・ハレ空港
Leipzig/Halle Airport

ドイツ・ザクセン州

フランクフルト空港から飛行機で約1時間。

鉄道路線をまたぐ高架を走行する旅客機。

1927年に開港したドイツのザクセン州にある国際空港で、国営企業が運営している。ライプツィヒの北西約16kmに位置する。航空貨物の分野で重要な空港だが、旅客数も少なくない。長さ3600m、幅45mと長さ3600m、幅60mの2本のコンクリート舗装滑走路がある。滑走路のうち1本は鉄道路線の北側にあり、南側にあるターミナルに移動するために鉄道をまたぐ高架橋を地上走行しなければならない。航空機が橋を渡るという珍しい様子を見ることができる。

空港のあるロングイェールビーンは、スヴァールバル諸島の中でも気候が穏やか。

51 極北の島の交通を担う空港

スヴァールバル空港

Svalbard Airport

ノルウェー領スヴァールバル諸島スピッツベルゲン島

オスロ空港から飛行機で約3時間25分。

ノルウェー領スヴァールバル諸島スピッツベルゲン島ロングイェールビーンにある地方空港。北緯78度という北極圏にある。長さ2483m、幅45mのアスファルト舗装の滑走路が1本。前身の施設は第二次世界大戦中にドイツ空軍によって建設され、現在の空港は1975年に開港。1965年までは、滑走路に照明がないので夜間の離着陸ができなかった。ロングイェールビーンの北西約3kmにあり、ここは人口1000人以上の町としては世界最北とされる。過酷な環境だが、オスロなどノルウェー本土への便が毎日運航されている。

スヴァールバル諸島上空からの絶景。1965年までは夜間の利用ができず、極夜の12月と1月は利用できなかった。

テネリフェ島には2つの国際空港があるが、「テネリフェ・ノルテ空港」の方が規模が小さい。

52 悲しい事故の舞台となったこともある空港

テネリフェ・ノルテ空港
Tenerife North–Ciudad de La Laguna Airport

スペイン領カナリア諸島テネリフェ島

マドリード空港から飛行機で約3時間。

スペイン領カナリア諸島テネリフェ島にある国際空港。標高633mにあり、滑走路は3171mのアスファルト舗装滑走路が1本。この空港での大きな出来事は、1977年に発生した。濃霧の中で2機のボーイング747旅客機が滑走路上で衝突。乗客・乗員583人が死亡した。この事故は航空史上最悪とされている。テネリフェ島は、沖縄本島と佐渡島を足したほどの面積(約2,034㎢)だが、国際空港が2つある。もう1つはテネリフェ・スール空港で、テネリフェ・ノルテ空港よりも規模が大きい。

空港が建設される以前の1930年代から、この付近では航空機の運航がしばしば行われていたといわれている。

この飛行場は着陸のやり直しができないとされている。

53 滑り台のような滑走路

クールシュヴェル飛行場

Courchevel Airport

フランス・クールシュヴェル

リヨン・サン＝テグジュペリ国際空港から車で3〜4時間。

利用するなら垂直離着陸ができるヘリコプターの方が安心だ。

フランス南東部アルプス山中のクールシュヴェルにある飛行場。当地は有名なスキーリゾートで、世界最大級とされる広大な面積がある。スキー場に囲まれた山岳の中にあって、傾斜のある短い滑走路で知られており、長さ537m、幅40m。滑走路の最高標高は2008mで、勾配は18.6％。離陸は下り坂、着陸は上り坂を利用する。冬季でも利用可能だが、現在は定期便の運航はない。最大10人乗りクラスの単発機とヘリコプターの利用が多い。

スキー客を運んできた単発低翼ターボプロップ機。

【上】スキージャンプ台のような滑走路。【下】この機種以外では、高翼の単発ターボプロップ機も運航されている。

149

マデイラ島は有名なリゾート。ヨーロッパ各地への国際便が運航されている。

54 180本の柱で支えられた滑走路

クリスティアーノ・ロナウド・マデイラ国際空港
Cristiano Ronaldo Madeira International Airport

ポルトガル・マデイラ島

ウンベルト・デルガード空港(リスボン)から飛行機で約1時間50分。

ポルトガル領マデイラ島にある国際空港で、旧名は「サンタ・カタリナ空港」。同島出身のサッカー選手であるクリスティアーノ・ロナウドにちなんで、2017年に改名された。単に「マデイラ空港」、別名「フンシャル空港」などと呼ばれることもある。1964年に開港し、当時は1600mの滑走路があった。滑走路が短く、高い山と海のため、離着陸が難しい空港とされていた。現在は、長さ2781mの滑走路が1本。2000年に滑走路の延長工事が行われ、延長部分は70mの柱180本で滑走路を支える構造となっている。

2000年に延長された滑走路を支える180本の柱。

【上】マデイラ島は火山島のため平地が少なく、岬に空港が建設された。【下】空港ターミナル。観光は地域経済の重要な柱となっている。

空港の陸側には民家が建ち並ぶ丘陵がある。

ナミビアは1990年に独立したが、この地は1994年まで南アフリカ共和国の統治下にあった。

 55 ナミブ砂漠の砂の厳しさを感じる空港

ウォルヴィスベイ空港
Walvis Bay Airport

ナミビア・ウォルヴィスベイ

ケープタウン国際空港（南アフリカ）から飛行機で約2時間15分。

空港以外のほとんどが砂。空港の設備は、大型のジェット旅客機の運航にも対応している。

ナミビアのエロンゴ州ウォルヴィスベイにある空港。町の東約15kmに位置する。ここには1939年から南アフリカ共和国の空軍基地があった。現在は、長さ3500m、幅30mのアスファルト滑走路が1本。この空港は、ナミブ砂漠にあり、厳しい気象条件から保護するためにポリマー製のフェンスが設けられている。細かい砂は、航空機のエンジンに影響を与える。ウォルヴィスベイは10万人を超える人口で、大西洋に面しており、天然の良港としても知られる。ウォルヴィスとは現地語で「クジラ」を意味する。

胴体の下に荷物入れを取り付けた10人乗りクラスの単発高翼ターボプロップ機。

▶▶▶ 56 広大な保護区に点在する未舗装滑走路

マサイマラ国立保護区の飛行場
Masai Mara Airstrips

ケニア・マサイマラ

ナイロビから車で約4時間。

ケニアの南西部、タンザニアとの国境沿いにある面積約1510km²に達する国立保護区。ライオン、ヒョウ、チーター、アフリカゾウなど、多くの野生動物が生息している。国境を挟んで、タンザニア側にはセレンゲティ国立公園(世界自然遺産)がある。マサイマラには、いくつかの飛行場があり、滑走路は舗装されてなく、土を固めた状態。単発や双発の小型機が離着陸する。一例として「マラ・セレナ空港」は、長さは1050mの舗装されていない滑走路が1本あるだけである。

ヌーの群れと双発旅客機。右の旅客機は「ダグラスDC-3」。

【上】マサイマラ国立保護区内キーコロック滑走路の表示。【下】トピとターボプロップ機の間には隔てるものがない。

不整地に着陸する軍用輸送機のように、土ぼこりをあげて着陸する4発ターボプロップ旅客機。

世界のびっくり空港

2024年12月31日　第1刷発行

発行人	川畑 勝
編集人	滝口 勝弘
編者	Gakken
企画編集	石尾 圭一郎
発行所	株式会社Gakken 〒141-8416 東京都品川区西五反田 2-11-8
印刷所	大日本印刷株式会社
DTP	株式会社グレン
編集協力	EDing Corporation
編集スタッフ	梶間伴果・多田あゆみ・武井 誠
デザイン	梶間伴果
校正	合同会社こはん商会
写真協力	Shutterstock PIXTA Wikipedia

【参考資料】
https://en.wikipedia.org/
https://ja.wikipedia.org/

〈この本に関する各種お問い合わせ先〉

・本の内容については、下記サイトのお問い合わせフォームよりお願いします。
https://www.corp-gakken.co.jp/contact/

・在庫については
Tel 03-6431-1201(販売部)

・不良品(落丁、乱丁)については
Tel 0570-000577
学研業務センター
〒354-0045 埼玉県入間郡三芳町上富279-1

・上記以外のお問い合わせは
Tel 0570-056-710(学研グループ総合案内)

Ⓒ Gakken

本書の無断転載、複製、複写(コピー)、翻訳を禁じます。
本書を代行業者等の第三者に依頼してスキャンやデジタル化することは、たとえ個人や家庭内の利用であっても、著作権法上、認められておりません。

学研グループの書籍・雑誌についての新刊情報・詳細情報は、下記をご覧ください。
学研出版サイト　https://hon.gakken.jp/